范先佐 主编

第二册

華中師範大學出版社

图书在版编目(CIP)数据

安全知识小手册. 第二册/范先佐主编. —武汉:华中师范大学出版社,2017.4(2022.12 重印)

ISBN 978-7-5622-7740-8

Ⅰ.①安… Ⅱ.①范… Ⅲ.①安全教科文—中小学—课外读物
Ⅳ.①G634.203

中国版本图书馆 CIP 数据核字(2017)第 071749 号

出　　版:©华中师范大学出版社
社　　址:湖北省武汉市珞喻路 152 号　　编　　邮:430079
策　　划:基础教育分社
责任编辑:李　蓉　　责任校对:钟　文　　封面设计:武汉浩艺
电　　话:027—67863040(市场部)　027—67862387(编辑部)
传　　真:027—67863291　　邮　　购:027—67861321
网　　址:http://press.ccnu.edu.cn
电子信箱:press@mail.ccnu.edu.cn
印　　刷:湖北画中画印刷有限公司　　督　　印:刘　敏
字　　数:60 千字
开　　本:710mm×1000mm　1/16　　印　　张:6
版　　次:2017 年 4 月第 1 版　　印　　次:2022 年 12 月第 2 次印刷
定　　价:15.00 元

欢迎上网查询、购书

编者的话

近年来，发生在青少年身上的安全事故比较多，涉及生活的方方面面。青少年的安全牵动着千家万户的幸福生活，是全社会安全工作的重要组成部分，它直接关系着青少年能否健康成长。而现在的青少年安全意识不强，安全知识匮乏，自救能力差等，这已成为社会亟待解决的问题。

本套读本在对青少年中容易出现伤害的事件进行调查分析的基础上，精炼地设计相关主题，介绍了一些基本的安全知识、经验和求生技能，进一步使青少年拥有自我保护的意识。让青少年懂得在日常生活中怎样远离危险，防患于未然。

在本套读本的编写过程中，许多专家、学者给予了热情的指导和帮助。在此，我们要特别感谢武汉大学人民医院李清泉教授、徐自良教授、王军陵教授，广州军区武汉总医院刘幼英教授，华中师范大学生命科学学院周吉源教授、陈国生教授。

祝愿青少年朋友们健康快乐地成长！

2017 年 4 月 15 日

目录

谨防食物中毒

随着年龄的增长，我们的消化能力增强，食量也开始大起来，有时难免贪吃。这个时候，我们可得注意了，贪吃有可能吃出麻烦，甚至会中毒。

杀虫药、灭鼠药的毒性都很大，如果误食了拌有这些毒药的食物，就会有生命危险。

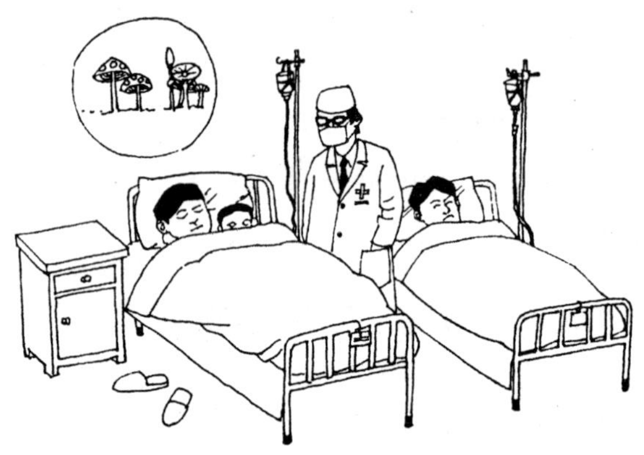

野生蘑菇种类很多，有的没有毒，可以吃；有的有毒，甚至有剧毒，误吃了就会中毒。

在平时，我们应该如何预防食物中毒呢？

可以生吃的东西如瓜果，一定要洗干净后再吃。

在炎热的夏天，饭菜容易变质。已经变质的饭菜是不能食用的。

有些东西本身含有毒素，是吃不得的，如有毒蘑菇等。

已经发霉的食品如霉花生等不能吃，吃了会生病，甚至有致癌的危险。

养成良好的饮食习惯，不吃零食，不到小摊上买东西吃。到正规商店买吃的东西，也要注意看看保质期，防止病从口入。

你所熟悉的人中有没有因吃东西而中过毒的？如果有，请你把这件事讲给你的小伙伴听听。

如果发现自己食物中毒，你该如何处理？

小 提 醒

如果你在吃东西 2～4 小时后感到恶心、呕吐，肚子痛，甚至出现幻觉、口干舌燥、出冷汗等，那就很可能是吃了有毒的东西，应尽快告诉家长，上医院治疗，或者拨打 120 急救电话求助。

小小检查员

现在人们的生活越来越好，城市里几乎家家户户都用液化气或管道气烧水、煮饭、做菜、洗澡，但是，用气要注意安全，特别是要防泄漏。

不随便动液化气灶、液化气罐的阀门。

闻到有气味时，要及时查看是否有液化气泄漏。

小 故 事

张良是湖北省潜江市某校的学生。一天晚上，他醒来后闻到了一股浓烈的液化气味。他想开灯，结果停电了。他想借用打火机的亮光，查看是不是液化气泄漏了。就在他点燃打火机的那一刻，灾难发生了！液化气遇到明火，发生了剧烈爆炸。张良被炸成重伤。

在发现有液化气泄漏的房间里，以下几件事是不能做的。

让我们当一回检查员吧，检查一下，自己家里有没有安全隐患。

活动主题：

今天我是“检查员”。

活动目的：

和爸爸妈妈一起检查家中的液化气燃具。

活动内容：

1. 家中有燃气热水器的小朋友检查是否装有烟道。

2. 家中有液化气灶的小朋友检查软管是否连接好。

3. 平时家中使用燃气时是否开窗通风。

4. 燃气使用完毕后，查看燃气阀门是否关好了。

5. 查一查当地的燃气抢修电话，看谁记得准。

活动结果：

开家庭会议，对做得好的提出表扬，对做得不好的提出改进建议。

劳动也要防伤害

热爱劳动是一种好的品德。在节假日和平时放学后，我们应该主动帮爸爸妈妈做一些力所能及的事情。

帮爸爸妈妈干家务很好，但有些事情要在爸爸妈妈的指导下进行。

刚出锅的热汤不要端

大火蒸煮食物时不要揭锅盖

高压锅煮食物时不要按出气嘴

劳动时不要用工具打闹

拿工具走路时不要挨得太近

参加家务劳动时还有哪些活动尤其需要注意安全的呢?

说一说下面这位同学为什么会被烫伤？

第
二
册

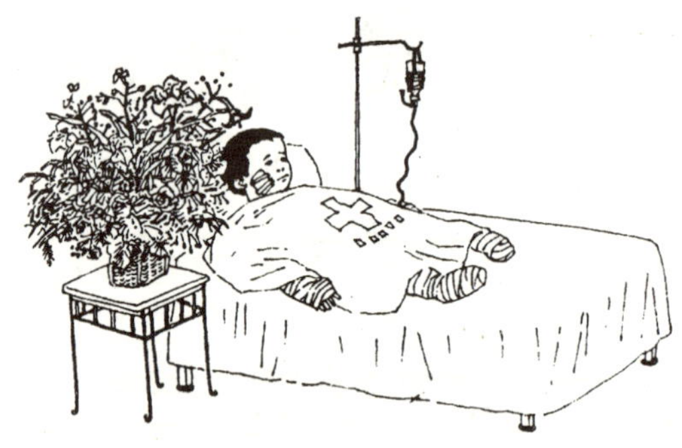

李小刚摔倒了

锻炼身体很重要。科学的、适度的体育锻炼有助于增强体质。但如果不掌握体育活动的要领，不善于自我保护，也可能出现危险。

课外活动时间到了，同学们都跑到操场上，有的跑步，有的打球，真热闹啊！

李小刚正在和两个同学玩双杠。大家一玩一边笑，一会儿笑这个同学的肚皮露出来了，一会儿笑那个同学动作滑稽。李小刚也忍不住笑了，一不留神，从双杠上摔倒在地上……

李小刚为什么会从双杠上摔下来？

体育活动中，要避免发生意外伤害事故，就要学会自我保护。

- 不要在打滑或不平的地面上活动。
- 运动前先活动一下。
- 笔、钥匙等尖利物品要拿出来，以免运动时扎伤身体。

运动时要专注，不要开小差，或逗闹谈笑，以免发生意外。

不要与实力相差悬殊的对手进行对抗性比赛，如摔跤、掰手腕等。

在跳高、跳远、玩单双杠、打篮球或踢足球时，我们应该注意什么？

文明乘车保安全

现在交通发达，出门乘车很方便。但是，我们一定要注意乘车安全，尤其是汽车启动、刹车、转弯、变速时，更要注意。

这样乘车才安全

下面各图中小朋友的乘车行为很危险，我们不能这样做。

不等车上的人下完就急着上车

扒在车门上

把手伸出窗外

车没停稳就往下跳

把头伸出车窗外看风景

扎堆挤在车一侧

一边吃喝，一边逗笑

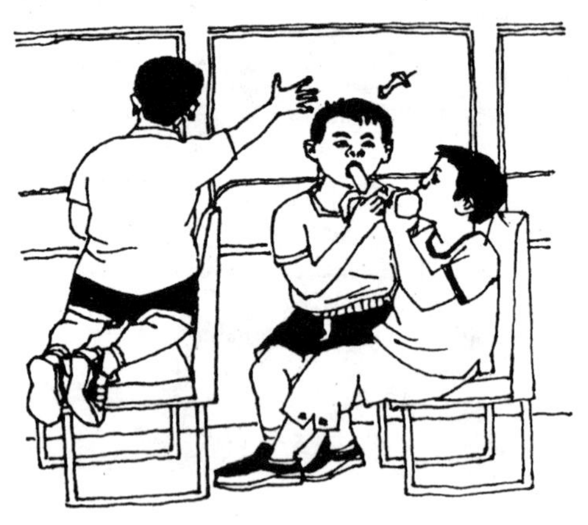

往车窗外扔东西

在车上打闹

下列行为可能会出现什么危险?

坐在自行车的后座上

站在马路中间拦出租车

坐在拖拉机货厢顶上

坐在卡车车厢挡板上和货堆顶上

汽车在突然启动、转变、刹车、变速时，我们的身体有什么感觉？这时我们应该怎样做？

走路小心防车祸

每天上学放学，我们都要在路上行走，有时还要穿过马路。现在马路上的车越来越多，交通事故时有发生。交通事故的后果往往是很严重的，轻则受伤重则送命。所以，行走时一定要注意安全。

下列各图中小朋友的行为很危险，我们不能这样做。

不看信号灯

不注意来往车辆

在车流中穿行

翻越护栏冲过机动车道

边走路边吃东西

在马路上玩耍

在马路上捡掉下的东西

在摩托车后座上手舞足蹈

扒车

追赶拖拉机

突然转身改变行走方向

从汽车后面突然跑出来

穿越马路时，一定要走人行横道或过街天桥。

下列哪些行为有危险，为什么？

在马路上你追我赶

过马路前先看信号灯

在马路上踢球

向公共汽车车窗投掷石块

刮风下雨天过马路时伞打得过低

在自行车车流中追逐打闹

路边“陷阱”要当心

在上学或放学回家的路上，我们时常要经过窨(yìn)井、水渠、鱼塘旁边。这些都是暗藏杀机的“陷阱”。如果走路不注意，或者在路上追逐、打闹，就很有可能掉进去。

下图中小朋友的行为很危险，我们不能那样做。

在马路上追逐打闹

在沟渠边玩耍

在涵洞边逗打、嬉闹

小 提 醒

生活在农村的小朋友，尤其要注意：

沟渠是为灌溉或排水而挖的水道，不要在沟渠边玩耍。

涵洞是公路与铁路或道路与沟渠相交的地方，不要在涵洞边玩耍。

下列各图中小朋友的行为对不对？为什么？

边走路边看书

雨伞打得过低，挡住视线

下雨天在缺盖的窨井边踩水玩

一只脚踩着窨井盖玩

公共场所防拥挤

学校、商场、电影院等公共场所，在发生突发事件时，容易拥挤伤人。因此，我们要学会自我防护，避免伤害。

小故事

想起发生在年初的一件事，我至今还心有余悸(jì)。那天正值周末，我和许多同学去电影院看电影，散场后，大家都往门口涌去。我也在这股人流中，被挤得东倒西歪。

这时，我想起学过的对付拥挤的自救方法。我用一只手抓住另一只手的手腕，掌心向外，胸前形成一个保护圈，这样我就能正常呼吸了。

突然，我被挤倒了。由于人流的推动，后面的同学相继跌倒在我身上，压得我喘不过气来。我连忙抱肘于胸前，蜷起身体，竭力用肩和胳膊支撑来自上面同学的压力，使我的胸部和嘴巴不至于紧贴地面，以免窒息。

我对自己说：坚持，再坚持，马上就会有人来救我……就在我差不多要晕过去的时候，安保人员赶来了，将我送往医院抢救。苏醒过来后，我想："好险啊！如果不是学过这方面的知识，我今天也许就没命了。"

在公共场所我们应该怎样自我防护，避免事故？

- 出入人多的公共场所时，要相互谦让，不要拥挤，上下楼梯靠右行。
- 光线暗淡或停电时不要贪快抢先，不故意推挤前面的人。
- 合理安排时间，尽量避开人群集中的高峰期。
- 不要在拥挤的人群中逆人流方向而行。

兵兵的头怎么了

户外活动有利于身心健康，我们应该多参加户外活动，多亲近大自然。

下面各图中小朋友的行为很危险，我们不能那样做。

骑在树枝头

独自一人去野外钓鱼

在公路上、铁路旁或门市区放风筝

在高压线附近放风筝

兵兵和明明是要好的同学。他们住在同一个村子里，平时喜欢在一起玩耍打闹。一天放学后，他们沿着崎岖的山路回家。走着走着，兵兵模仿电视中坏人的样子，突然从后面紧紧地抱住了明明。明明也不示弱，模仿电视中大侠的样子，猛地一弯腰，把兵兵从头顶上摔了过去。兵兵被重重地摔在地上，头正好碰到了一块大石头，血流不止。到乡卫生院以后，大夫给兵兵缝了好多针。这件事过去后，他们再也不这样了。

建筑工地莫进入

建筑工地一般情况下都会用围墙围起来，防止闲人进入，因为建筑工地上存在许多不安全的因素。

建筑工地藏危险，千万不要私自进入。

建筑工地热闹、繁忙、杂乱。

工地上砖瓦、水泥等物随处可见。

建筑铁架上的铁杆纵横交错，容易伤人。

工地上的铁钉等物横七竖八，容易扎脚。

地基坑、水坑、沥青坑等没有警示牌，很容易掉下去。

工地临时用电设施简陋，容易发生触电伤人事故。

危墙、危房或没拆完的残垣（yuán）断壁随时可能会倒塌伤人。

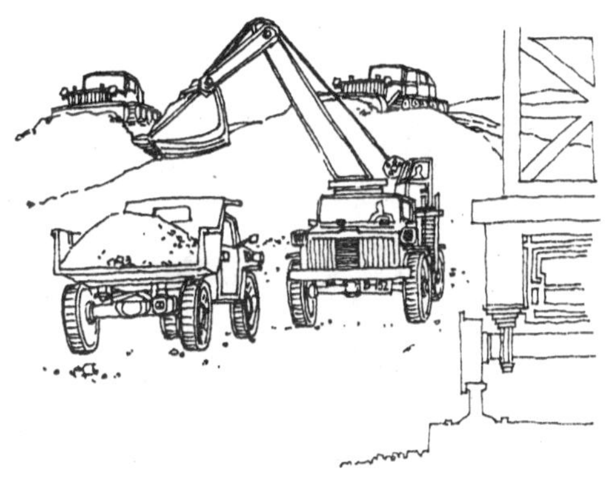

起重机、挖掘机、混凝土搅拌机等大型机械，容易伤人。

小故事

小明和小刚对建筑工地很好奇，趁管理人员不注意溜了进去。

他们躲在一堆沙后面，学工人叔叔的样子建房子。

忽闻背后轰鸣声，原来是翻斗车正把沙子卸下来。

他们拔腿躲避已来不及，沙子铺天盖地倾泻下来。

幸亏工人叔叔发现及时，不然两人就会没命了。

他们总算明白：建筑工地莫进入！

小 提 醒

砖瓦厂、手工作坊、小煤窑等，这些地方都有隐藏的危险，千万不要到这些地方玩耍。

在我们的生活环境中，还有哪些地方不能随便进入？

大自然“发脾气”的时候

大自然是神奇的、温和的，她创造了生命，给万物以阳光、空气和水。可是，大自然有时也会“发脾气”。她发起脾气来呀，样子也怪吓人的，时而电闪雷鸣，时而狂风大作，时而暴雨倾盆，时而积雪盈尺。

大雨过后，河流、湖泊、水库里的水位增高。应远离这些地方，以免发生危险。

被洪水围困，应立即转移到高处，如山坡、房顶、大树上，然后挥动色彩鲜艳的衣物等，以引人注意，等待救援。

电闪雷鸣时，不要在树下避雨，如带有金属物品，马上扔掉，以免遭雷击。

遇到狂风暴雨，要远离楼房、大树，以免玻璃、树枝等物被风刮下伤人。

雷雨天出行应注意：

最好穿绝缘的胶鞋，不要使用带金属杆的雨伞。

在旷野遇雷电，应迅速离开地势较高的地方和大树。

远离烟囱、电线杆和高大的金属物等易遭雷击的物体。

放学回家的路上遇到打雷该怎么办？

水中遇险莫惊慌

游泳是一项很好的体育活动，但同时又充满着危险。

万一在水中遇险，不要惊慌，下面的办法可以一试。

如果脚被水草缠住，不要继续向前游，以免被水草缠得更紧。应该一面划水，一面小心地将水草解开，或者大声呼救。

遇到暗流或漩涡时，要保持冷静，可以顺着水流的方向流动。注意观察周围的环境，在水流较缓的地方向岸边游，抓住岸边的石头或树木。

下水之前应做准备活动，可以预防腿抽筋。万一在水中发生腿抽筋，不要惊慌，应立即停止游动，换成仰浮姿势，拉伸抽筋肌肉。等舒缓后，用未抽筋的脚，借助双手，划回岸边。同时，向附近的人求救。

有人溺水时要大声呼喊，就近向大人求救。

如果四周没有人，可以把身边的木板、救生圈、竹篙等物扔给溺水者。

小 提 醒

注意自身安全，游泳要有家长带领，不能单独去。

小 故 事

一天傍晚，大江和他的小伙伴在汉江边上玩耍。突然，他看见一个小孩在汉江上时沉时浮。不

好！是小孩溺水。大江救人心切，来不及脱下衣服，就“扑通”一声跳入水中。谁知，落水的小孩死死地抱住了大江的身体不放。大江虽奋力挣扎，但不得脱身。幸亏大江的小伙伴及时呼救，来了几个大人，才把大江和落水的小孩救上岸。要不是大人赶来，大江不但救不了人，而且可能会搭上自己的性命。

如果发现同伴落水，你怎么办？

消除火灾隐患

俗话说："水火无情。"火灾是造成人民生命财产重大损失的罪魁祸首。无情的大火能够吞噬人的躯体，毁灭我们的家园，损耗大自然赐予人类的宝贵财富。

引起火灾的原因很多，除了自然因素引起的火灾外，大部分火灾与人的活动有关。所以，在日常生活中，我们一定要注意用火安全。下图是某年全国因火灾造成的损失统计图。

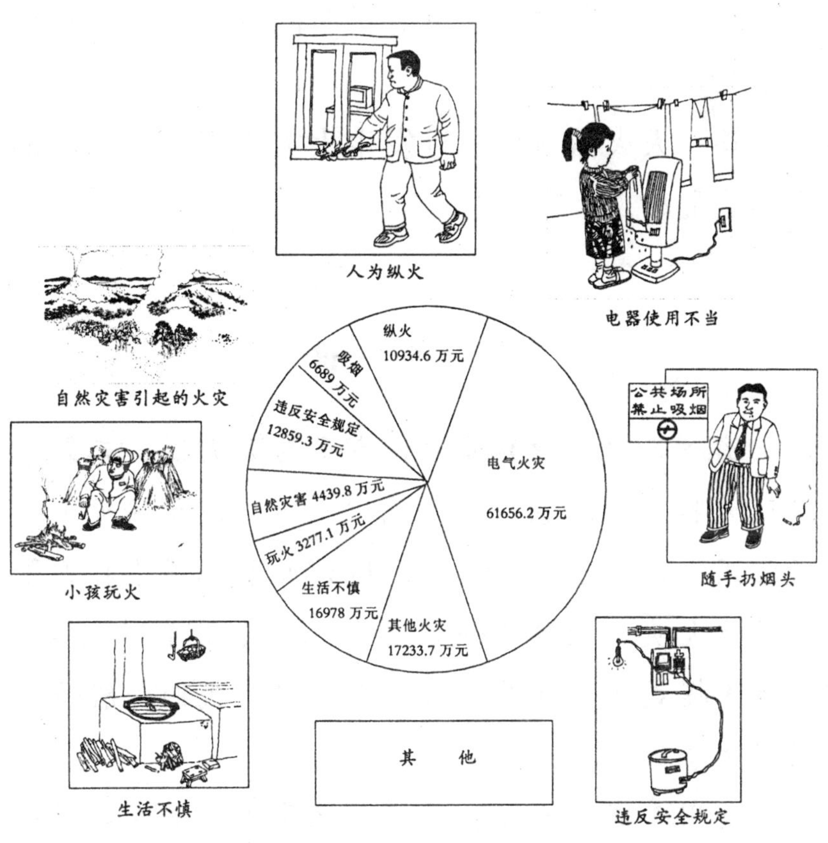

问：怎么就我那么倒霉，会遇上火灾？

答：不要心存侥幸，要防患于未然。

问：小小烟头会引起火灾吗？

答：是的。一粒火星也可能引发大火，尤其是吸烟的大人可要当心。

问：别人玩火与我有关吗？

答：防火安全，人人有责。

问：灭火器放在那里好长时间都没有用，真想拿下来玩。

答：灭火器材是一旦发生火灾用来灭火的，谁都不能乱动。

小 知 识

消防器材的种类较多，有干粉灭火器、二氧化碳灭火器、1211 灭火器、消火栓等，以干粉灭火器最常用、适用范围最广。干粉灭火器可用于扑灭带电物体火灾、液体火灾、气体火灾、固体火灾等，分为手提式、背负式和推车式三种。我们一般使用的多为手提式。

使用手提式灭火器时，一只手握住喷嘴，另一只手向上提起提环，干粉即可喷出灭火。

如果碰到下列情况，你能正确处理吗？

1. 家里厨房内大火熊熊，火苗蹿上屋檐。碰到这种情况，你会（ ）。

A. 灭火

B. 逃出家门，大叫“起火了，快救火啊！”

C. 拨打 119

D. 找到爸爸妈妈，然后把事情告诉他们

E. 其他的办法

2. 如果大火是因为你玩火引起的，你会（ ）。

A. 自己慌忙扑火

B. 紧急求救（拨打 119 或呼喊）

C. 躲到某个角落里，不出声。灭火后，装作什么都不知道

3. 如果电影院或演出厅突然失火，你会（ ）。

A. 跟着人流往外挤

B. 大声叫爸爸妈妈

C. 蹲下，找到最近的出口，沿墙根匍匐前进

D. 大哭

E. 其他的办法

4. 做饭时锅里的油着火了，你会（ ）。

A. 立即加上一瓢水

B. 用锅盖盖上

C. 跑出去

D. 马上叫爸爸妈妈过来

5. 看电视时闻到一股焦味，你会（　）。

A. 拔掉电源，再关上电视

B. 不管它，继续看

C. 直接用湿毛巾给电视机降温

D. 认为焦味不是电视机发出的

对付毒烟有办法

火灾容易造成重大人员伤亡和财产损失，火灾对人的致命威胁，除烧伤外，还来自燃烧过程中产生的大量有毒烟雾。因此，了解一些有关预防有毒烟雾方面的知识，对于我们在火灾中求生是很有用的。

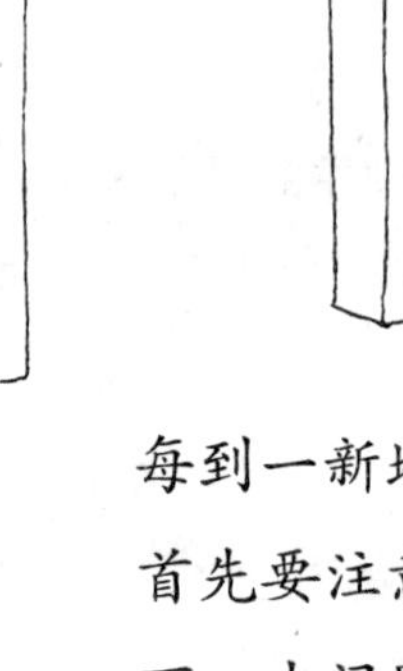

每到一新地，环境先熟悉。
首先要注意，出口在哪里。
万一出问题，及时好逃离。

遇到烟火起，不必惊且急。
湿被挡火魔，湿巾掩口鼻。
靠墙俯身行，速离生死地。

浓烟含毒气，千万莫大意。
除了掩口鼻，尽量紧贴地。
地面烟雾稀，逃命有生机。

无处可逃离，也不必心急。
关紧迎火门，湿物塞缝隙。
烟雾堵门外，火魔徒叹息。

温高火势急，泼水降温低。
先泼迎火面，再泼房间里。
坚持到胜利，救援会有期。

小 故 事

某年，洛阳发生的大火灾中有一位幸存者。据了解，他在危急中，用自己的小便打湿了手绢，然后用手绢掩口鼻，得以逃生。这个事例告诉我们在紧急情况下，不要惊慌失措，应想办法自救。

遭遇“擂肥”巧应对

当前，有一部分社会青年，也有个别在校学生，为了满足自己的贪欲，将黑手伸向我们，强行索要钱物，给我们的身心带来严重伤害。有的地方把这种现象叫做“擂肥”。

小故事

爸爸给了小刚 50 元钱，小刚拿着钱在同学面前炫（xuàn）耀。这一幕被两个不怀好意的高个男孩看见了。

这两个男孩走过来对小刚说："喂，这几天手头紧，借点钱我们花！"小刚见状，害怕极了。

见小刚不想给，两个男孩一脸凶相，拿出刀来威胁。

钱被抢走了，小刚想了想，走进了老师的办公室……

我们应该如何防范“揺肥”呢？

要有防范心理。不要在外炫耀父母给了自己多少钱，给了什么东西，以免被“揺肥”者盯上。

上学和放学回家最好与同学结伴而行，不要独行。

面对“揺肥”，不要有害怕报复或存在花钱消灾的心理，不然，“揺肥”者会更加肆无忌惮（dàn）。

面对“揺肥”者，要勇敢更要机智。不要与他们硬拼，可以假装顺从，暗暗记住“揺肥”者的身高、相貌及口音，及时报警。

小 提 醒

“揺肥”在法律上属于抢劫，抢劫是要受到法律制裁的。所以，我们不要害怕。

面对“播肥”莫害怕，
正气总把邪气压。
硬拼对打非良策，
巧妙周旋想办法。
记住歹徒相和貌，
自有警察来抓他。

机智勇敢的谢尚逸

在各种犯罪行为中，绑架是严重的违法行为。绑架不仅会给被绑架者和家人造成身心的巨大伤害，还会影响社会的安定。万一这种事情不幸降临到我们头上，应该知道怎样应对。

小 故 事

某日早晨7点钟，天津市小学生谢尚逸正走在上学路上，被几个陌生男子连哄带骗，拉进一辆桑塔纳轿车。他明白，自己被绑架了。

车向前疾驰，很快出了天津。谢尚逸使劲扒着车窗向外望，想记住路边的标记。几个小时后，他终于发现了一个路牌——石家庄。

下午3时，绑架谢尚逸的车到了保定市。歹徒把他捆起来，锁在一间破平房里，就出去了。

歹徒走远后，谢尚逸一边使劲扭动身体，在桌子角上摩擦绳索，一边想着脱身之计。

两个多小时过去了，捆绑手脚的绳索竟然被磨断了。谢尚逸侧耳倾听，确信四周无人，便翻箱倒柜地寻找工具，但没有找到。最后，他硬是用双手把钉在窗户上的木板一块块取下，然后捡起地上的砖头，打破玻璃，从窗子里钻了出去。但是，院子里还有一堵两米高的围墙挡住了他的去路。怎么办？凭着在学校田径队练就的本领，他鼓足勇气，使出浑身力气，翻墙而过。

谢尚逸明白，逃出了魔掌并不等于脱离了险境。为防止被歹徒的同伙发现，他低着头，见人也

不说话，有汽车驶来时，他就赶紧蹲下身去。当晚6时，在好心人的指引下，历经磨难的谢尚逸来到当地派出所报案。

经过生死考验后的谢尚逸仿佛一下子长大了许多……

小 知 识

无论在什么时候、什么地方，都不要轻信陌生人的话，不吃陌生人给的东西，不坐陌生人的车。即使是熟人，也不要轻信，除非是父母交代过的。

如遭遇强行绑架，可大声呼救，趁歹徒惊慌之际，迅速向人多的地方跑去。

万一被歹徒绑架，要机智灵活地与歹徒周旋，实施自救。自救的方法有多种，如沿途设法留下标记，趁歹徒不备以打电话、写纸条、呼喊等方式向外界求救，磨断绳索逃走等。可以根据当时所处的环境和条件灵活地运用，故事中的小主人公谢尚逸就是这样做的。